BlackRock

Breve Historia y Controversias de la Mayor Empresa de Gestión de Activos del Mundo y sus Fundadores; Larry Fink, Robert S. Kapito & Susan Lynne Wagner

Descargo de responsabilidad

Copyright 2023 - *Todos los derechos reservados*

Este documento pretende proporcionar información exacta y fiable en relación con el tema y la cuestión tratados. La publicación se vende con la idea de que el editor no está obligado a prestar servicios contables, oficialmente permitidos, o de otro tipo, cualificados. Si es necesario asesoramiento, legal o profesional, se debe pedir a una persona con práctica en la profesión - de una Declaración de Principios que fue aceptada y aprobada igualmente por un Comité de la Asociación Americana de Abogados y un Comité de los Editores y Asociaciones.

Queda prohibida la reproducción, duplicación o transmisión total o parcial de este documento, ya sea por medios electrónicos o en formato impreso. Queda terminantemente prohibida la grabación de esta publicación y no se permite el almacenamiento de este documento a menos que se cuente con la autorización por escrito del editor. Reservados todos los derechos.

La presentación de la información se realiza sin contrato ni garantía de ningún tipo. Las marcas comerciales que se utilizan son sin ningún consentimiento, y la publicación de la marca comercial es sin permiso o respaldo por parte del propietario de la marca. Todas las marcas registradas y marcas dentro de este libro son sólo para fines aclaratorios y son propiedad de los propios propietarios, no afiliados con este documento. No fomentamos el abuso de sustancias y no nos hacemos responsables de la participación en actividades ilegales.

Introducción

BlackRock, Inc. es una empresa de inversión multinacional estadounidense con sede en Nueva York. Fundada en 1988, inicialmente como gestora de activos institucionales de gestión de riesgos y renta fija, BlackRock es la mayor gestora de activos del mundo, con 10 billones de dólares en activos bajo gestión en enero de 2022. BlackRock opera globalmente con 70 oficinas en 30 países, y clientes en 100 países. Junto con Vanguard y State Street, BlackRock está considerada una de las tres grandes gestoras de fondos indexados que dominan América.

BlackRock ha tratado de posicionarse como líder del sector en materia medioambiental, social y de gobierno corporativo (ESG). La empresa se ha enfrentado a críticas por el empeoramiento del cambio climático, sus estrechos vínculos con el Sistema de la Reserva Federal durante la pandemia de COVID-19, su comportamiento anticompetitivo y sus inversiones sin precedentes en China.

Índice

Historia de Blackrock

1988-1999

BlackRock fue fundada en 1988 por Larry Fink, Robert S. Kapito, Susan Wagner, Barbara Novick, Ben Golub, Hugh Frater, Ralph Schlosstein y Keith Anderson para ofrecer a los clientes institucionales servicios de gestión de activos desde una perspectiva de gestión del riesgo. Fink, Kapito, Golub y Novick habían trabajado juntos en First Boston, donde Fink y su equipo fueron pioneros en el mercado de valores respaldados por hipotecas en Estados Unidos. Durante su mandato, Fink había perdido 90 millones de dólares al frente de First Boston. Esa experiencia fue la motivación para desarrollar lo que él y los demás consideraban excelentes prácticas fiduciarias y de gestión de riesgos. Al principio, Fink buscó financiación (para el capital operativo inicial) en Pete Peterson, de The Blackstone Group, que creía en la visión de Fink de una empresa dedicada a la gestión de riesgos. Peterson la llamó Blackstone Financial Management. A cambio de una participación del 50% en el negocio de bonos, Blackstone concedió inicialmente a Fink y a su equipo una línea de crédito de 5 millones de dólares. En pocos meses, el negocio ya era rentable, y en 1989 los activos del grupo se habían cuadruplicado hasta alcanzar los 2.700 millones de dólares. El porcentaje de participación de Blackstone también se redujo al 40%, frente al personal de Fink.

En 1992, Blackstone tenía una participación equivalente a cerca del 35% de la empresa, y Stephen A. Schwarzman y Fink se plantearon vender acciones al público. La empresa adoptó el nombre de BlackRock y a finales de año gestionaba activos por valor de 17.000 millones de dólares. A finales de 1994, BlackRock gestionaba 53.000 millones de dólares. En 1994, Schwarzman y Fink tuvieron una disputa interna sobre métodos de compensación y acciones. Fink quería compartir acciones con los nuevos empleados, para atraer talentos de los bancos, a diferencia de Schwarzman, que no quería reducir aún más la participación de Blackstone. Acordaron separarse y Schwarzman vendió BlackRock, una decisión que más tarde calificó de "error heroico". En junio de 1994, Blackstone vendió una unidad de valores hipotecarios con 23.000 millones de dólares en activos a PNC Bank Corp. por 240 millones. La unidad había negociado hipotecas y otros activos de renta fija, y durante el proceso de venta cambió su nombre de Blackstone Financial Management a

6

BlackRock Financial Management. Schwarzman permaneció en Blackstone, mientras que Fink pasó a ser Presidente y Consejero Delegado de BlackRock Inc.

Blackrock 1999-2009

BlackRock salió a bolsa en 1999 a 14 dólares la acción en la Bolsa de Nueva York. A finales de 1999, BlackRock gestionaba 165.000 millones de dólares en activos. BlackRock creció tanto orgánicamente como mediante adquisiciones. En agosto de 2004, BlackRock realizó su primera gran adquisición, comprando a MetLife el holding SSRM Holdings, Inc. de State Street Research & Management por 325 millones de dólares en efectivo y 50 millones en acciones. La adquisición elevó los activos gestionados por BlackRock de 314.000 a 325.000 millones de dólares. La operación incluyó el negocio de fondos de inversión State Street Research & Management en 2005. BlackRock se fusionó con Merrill Lynch Investment Managers (MLIM) en 2006, reduciendo a la mitad la participación de PNC y dando a Merrill Lynch una participación del 49,5% en la empresa. En octubre de 2007, BlackRock adquirió el negocio de fondos de fondos de Quellos Capital Management.

El gobierno de Estados Unidos contrató a BlackRock para ayudar a resolver las secuelas del colapso financiero de 2008. Según *Vanity Fair, la* clase dirigente financiera de Washington y Wall Street creía que BlackRock era la mejor opción para el trabajo. La Reserva Federal permitió a BlackRock supervisar la liquidación de la deuda de 130.000 millones de dólares de Bear Stearns y American International Group.

En 2009, BlackRock se convirtió por primera vez en el gestor de activos número 1 del mundo. En abril de 2009, BlackRock adquirió R3 Capital Management, LLC y tomó el control de este fondo de 1.500 millones de dólares. El 12 de junio de 2009, Barclays vendió su unidad Global Investors (BGI), que incluía su negocio de fondos cotizados, iShares, a BlackRock por 13.500 millones de dólares. Con esta operación, Barclays adquirió una participación cercana al 20% en BlackRock.

Blackrock 2010-2019

En 2010, Ralph Schlosstein, consejero delegado de Evercore Partners y fundador de BlackRock, calificó a BlackRock de "la institución financiera más influyente del mundo." El 1 de abril de 2011, debido a la adquisición de Genzyme por Sanofi, BlackRock la sustituyó en el índice S&P 500.

En 2013, *Fortune* incluyó a BlackRock en su lista anual de las 50 empresas más admiradas del mundo. En 2014, *The Economist* afirmó que los 4 billones de dólares gestionados por BlackRock la convertían en la "mayor gestora de activos del mundo", y que era mayor que el mayor banco del mundo, el Banco Industrial y Comercial de China, con 3 billones de dólares. En mayo del mismo año, BlackRock invirtió en Snapdeal.

En diciembre de 2014, un director gerente de BlackRock en Londres fue inhabilitado por la Autoridad de Conducta Financiera británica por no superar la prueba de "idoneidad", debido a que pagó 43.000 libras para evitar ser procesado por eludir el pago de billetes de tren. En respuesta al incidente, BlackRock dijo: "Jonathan Burrows dejó BlackRock a principios de este año. Lo que admitió ante la FCA es totalmente contrario a nuestros valores y principios".

A finales de 2014, el Sovereign Wealth Fund Institute informó de que el 65% de los activos gestionados por Blackrock correspondían a inversores institucionales.

A 30 de junio de 2015, BlackRock tenía 4,721 billones de dólares de activos bajo gestión. El 26 de agosto de 2015, BlackRock firmó un acuerdo definitivo para adquirir FutureAdvisor, un proveedor de gestión digital de patrimonios con unos activos bajo gestión declarados de 600 millones de dólares. En virtud del acuerdo, FutureAdvisor operaría como un negocio dentro de BlackRock Solutions (BRS). BlackRock anunció en noviembre de 2015 que liquidaría el fondo de cobertura BlackRock Global Ascent tras registrar pérdidas. El fondo Global Ascent había sido su único fondo macro global dedicado, ya que BlackRock era "más conocido por sus fondos de inversión y fondos cotizados." En ese momento, BlackRock gestionaba 51.000 millones de dólares en fondos de cobertura, de los cuales 20.000 millones correspondían a fondos de fondos de cobertura.

En marzo de 2017, el *Financial Times* anunció que BlackRock, tras una revisión de seis meses dirigida por Mark Wiseman, había iniciado una reestructuración de su negocio de fondos gestionados activamente por valor de 8.000 millones de dólares, lo que provocó la salida de siete gestores de cartera y un cargo de 25 millones de dólares en el segundo trimestre, sustituyendo determinados fondos por estrategias de inversión cuantitativas. En mayo de 2017, BlackRock aumentó su participación tanto en CRH plc como en Bank of Ireland. En abril de 2017, el negocio de iShares representaba 1,41 tn de dólares, es decir, el 26% del total de activos gestionados por BlackRock, y el 37% de los ingresos por comisiones básicas de BlackRock. En abril de 2017, BlackRock respaldó por primera vez la inclusión de acciones de China continental en el índice mundial MSCI.

Entre octubre y diciembre de 2018, los activos de BlackRock cayeron en 468.000 millones de dólares y se situaron por debajo de los 6tn de dólares. Fue el mayor descenso entre trimestres desde septiembre de 2011.

En 2019, BlackRock posee el 4,81% de Deutsche Bank, lo que le convierte en el mayor accionista individual. Esta inversión se remonta al menos a 2016.

11

En mayo de 2019, BlackRock recibió críticas por el
impacto medioambiental de sus participaciones. Está entre
los tres principales accionistas de todas las grandes
petroleras, excepto Total, y está entre los 10 principales
accionistas de 7 de los 10 mayores productores de
carbón.

Blackrock desde 2020

En su carta abierta anual de 2020, Fink anunció la
sostenibilidad medioambiental como objetivo central de las
futuras decisiones de inversión de BlackRock. BlackRock
anunció planes para vender 500 millones de dólares en
inversiones en carbón.

En marzo de 2020, la Reserva Federal eligió a BlackRock
para gestionar dos programas de compra de bonos
corporativos en respuesta a la pandemia de coronavirus,
el Primary Market Corporate Credit Facility (PMCCF) de
500.000 millones de dólares y el Secondary Market
Corporate Credit Facility (SMCCF), así como la compra
por parte del Sistema de la Reserva Federal de valores
respaldados por hipotecas comerciales (CMBS)
garantizados por la Government National Mortgage

Association, la Federal National Mortgage Association o la Federal Home Loan Mortgage Corporation.

En agosto de 2020, BlackRock recibió la aprobación de la Comisión Reguladora de Valores de China para establecer un negocio de fondos de inversión en el país. Esto convirtió a BlackRock en el primer gestor de activos mundial en obtener el consentimiento del Gobierno chino para iniciar operaciones en el país.

En enero de 2020, PNC vendió su participación en BlackRock.

A partir de 2021, BlackRock posee el 7,50% de HSBC Holdings plc, lo que le convierte en el segundo mayor accionista después de Ping An Insurance.

El 28 de diciembre de 2022, se anunció que BlackRock y Volodymyr Zelensky llevaban varios meses en contacto y que BlackRock iba a desempeñar un papel principal en la reconstrucción de Ucrania. El acuerdo fue criticado, y se acusó a BlackRock de "sacar provecho" de la destrucción de Ucrania.

Propiedad y transparencia de Blackrock

BlackRock invierte los fondos de sus clientes (por ejemplo, los propietarios de participaciones en ETF iShares) en numerosas empresas que cotizan en bolsa, algunas de las cuales compiten entre sí. Debido al tamaño de los fondos de BlackRock, la empresa aparece con frecuencia entre los principales accionistas de estas empresas, como las tecnológicas Apple (BlackRock figura como propietaria del 6,34%) y Microsoft (6,77%), y las firmas de servicios financieros Wells Fargo (4,30%) y JPMorgan Chase (4,41%). BlackRock afirma que estas acciones son en última instancia propiedad de los clientes de la empresa, no de la propia BlackRock -una opinión compartida por múltiples académicos independientes-, pero reconoce que puede ejercer votos de los accionistas en nombre de estos clientes, en muchos casos sin la participación de los clientes.

No obstante, esta concentración de la propiedad ha suscitado preocupación por posibles comportamientos anticompetitivos. Un estudio de 2014 titulado "Anticompetitive Effects of Common Ownership" analizó los efectos de este tipo de propiedad común en los precios de los billetes de avión. El estudio concluyó que "los precios suben y la cantidad baja cuando las aerolíneas que compiten en una ruta determinada son más comúnmente propiedad del mismo conjunto de inversores." Los autores señalan que este aumento de precios no implica necesariamente una colusión consciente entre los propietarios comunes, sino que tal vez podría deberse a que estas empresas son ahora "demasiado perezosas para competir" consigo mismas.

BlackRock es accionista de muchos inversores institucionales que poseen acciones de BlackRock. Esta cadena de propiedad es similar a las estructuras de propiedad circular que se han identificado en el Reino Unido.

Finanzas de Blackrock

En 2021, BlackRock ocupaba el puesto 192 en la lista *Fortune* 500 de las mayores empresas de Estados Unidos por ingresos.

En 2020, la organización sin ánimo de lucro American Economic Liberties Project publicó un informe en el que destacaba el hecho de que "las "tres grandes" empresas de gestión de activos -BlackRock, Vanguard y State Street- gestionan más de 15 billones de dólares en activos globales combinados bajo gestión, una cantidad equivalente a más de tres cuartas partes del producto interior bruto de Estados Unidos". El informe reclamaba reformas estructurales y una mejor regulación de los mercados financieros. En 2021, BlackRock gestionaba más de 10 billones de dólares en activos bajo gestión, alrededor del 40% del PIB de Estados Unidos (25,347 billones nominales en 2022)

Soluciones BlackRock

En 2000, BlackRock lanzó BlackRock Solutions, la división de análisis y gestión de riesgos de BlackRock, Inc. La división creció a partir del Aladdin System (que es el

16

sistema de inversión empresarial), Green Package (que es el Risk Reporting Service) PAG (análisis de carteras) y AnSer (que es el análisis interactivo). BlackRock Solutions (BRS) desempeña dos funciones dentro de BlackRock. En primer lugar, BlackRock Solutions es el departamento interno de análisis de inversiones e "ingeniería de procesos" de BlackRock, que trabaja con sus equipos de gestión de carteras, análisis cuantitativo y de riesgos, operaciones comerciales y cualquier otra parte de la empresa que tenga relación con el proceso de inversión. En segundo lugar, BlackRock Solutions (BRS) y las tres divisiones principales son servicios que se ofrecen a clientes institucionales. En 2013, la plataforma contaba con casi 2.000 empleados.

BlackRock se diferencia de otros gestores de activos afirmando que su gestión del riesgo no es independiente. La gestión del riesgo es la base y la piedra angular de toda la plataforma de la firma. Aladdin realiza un seguimiento de 30.000 carteras de inversión, incluidas las propias de BlackRock junto con las de competidores, bancos, fondos de pensiones y aseguradoras. Según *The Economist, en* diciembre de 2013, la plataforma supervisaba casi el 7% de los 225 billones de dólares de activos financieros del mundo.

BlackRock Solutions fue contratada por el Departamento del Tesoro de EE.UU. en mayo de 2009 para gestionar (es decir, analizar, deshacer y poner precio) los activos hipotecarios tóxicos que eran propiedad de Bear Stearns, AIG, Inc., Freddie Mac, Morgan Stanley y otras empresas financieras que se vieron afectadas en la crisis financiera de 2008.

BLACKROCK

Inversión medioambiental, social y de gobernanza empresarial

En 2017, BlackRock amplió su presencia en inversión sostenible y gobierno ambiental, social y corporativo (ASG) con nuevo personal y productos tanto en Estados Unidos como en Europa con el objetivo de liderar la evolución del sector financiero en este sentido.

BlackRock empezó a utilizar su peso para llamar la atención sobre cuestiones medioambientales y de diversidad mediante cartas oficiales a los consejeros delegados y votaciones de los accionistas junto con inversores activistas o redes de inversores como Carbon Disclosure Project, que en 2017 respaldó una exitosa resolución de los accionistas para que ExxonMobil actuara contra el cambio climático. En 2018, pidió a las empresas de Russell 1000 que mejoraran la diversidad de género en sus consejos de administración si tenían menos de dos mujeres en ellos.

Tras mantener conversaciones con los fabricantes y distribuidores de armas de fuego, el 5 de abril de 2018, BlackRock presentó dos nuevos fondos cotizados (ETF) que excluyen las acciones de los fabricantes de armas y los grandes minoristas de armas, Walmart, Dick's Sporting Goods, Kroger, Sturm Ruger, American Outdoor Brands Corporation y Vista Outdoor, y eliminando las acciones de sus siete fondos ESG existentes "para ofrecer más opciones a los clientes que buscan excluir a las empresas de armas de fuego de sus carteras."

En agosto de 2021, un antiguo ejecutivo de BlackRock que había sido el primer director global de inversiones sostenibles de la empresa, dijo que pensaba que la inversión ESG de la firma era un "placebo peligroso que perjudica el interés público". El ex ejecutivo dijo que las instituciones financieras están motivadas para participar en la inversión ESG porque los productos ESG tienen comisiones más altas, que a su vez aumentan los beneficios de la empresa.

En octubre de 2021, el consejo editorial del *Wall Street Journal* escribió que BlackRock estaba presionando a la Comisión del Mercado de Valores de EE.UU. para que adoptara normas que obligaran a las empresas privadas a revelar públicamente su impacto climático, la diversidad de sus consejos de administración y otras métricas. El consejo editorial opinaba que "los mandatos ASG, que también conllevan importantes riesgos de litigio y de reputación, harán que muchas empresas rehúyan los mercados públicos. Esto perjudicaría a las bolsas y a los gestores de activos, pero sobre todo a los inversores minoristas".

En enero de 2022, el fundador y consejero delegado de BlackRock, Larry Fink, defendió el enfoque de la empresa en la inversión en E.S.G., rebatiendo "las acusaciones de que la gestora de activos estaba utilizando su peso e influencia para apoyar una agenda políticamente correcta o progresista". Fink dijo que la práctica de E.S.G. "es woke". Según *The New York Times,* el énfasis de BlackRock en la E.S.G. ha suscitado críticas por "plegarse a intereses antiempresariales" o ser "mero marketing". Según la CNBC, algunos grupos conservadores y legisladores han acusado a BlackRock de "fingir" para ocultar la canalización de dinero de la empresa a compañías chinas. Mientras tanto, activistas y grupos ecologistas han atacado a la compañía por no desinvertir en empresas de combustibles fósiles y otras grandes contribuyentes al cambio climático.

Calentamiento global

En diciembre de 2018, BlackRock era el mayor inversor del mundo en promotores de centrales de carbón, con acciones por valor de 11.000 millones de dólares entre 56 promotores de centrales de carbón. y BlackRock poseía más reservas de petróleo, gas y carbón térmico que cualquier otro inversor, con un total de reservas que ascendía a 9,5 gigatoneladas de emisiones de CO_2 o el 30 por ciento del total de emisiones relacionadas con la energía de 2017. Grupos ecologistas como Sierra Club y Amazon Watch lanzaron una campaña en septiembre de 2018 llamada "El gran problema de BlackRock", afirmando que BlackRock es el "mayor impulsor de la destrucción del clima en el planeta", debido en parte a su negativa a desinvertir en empresas de combustibles fósiles. El 10 de enero de 2020, un grupo de activistas climáticos irrumpió en las oficinas parisinas de BlackRock Francia, pintando paredes y suelos con advertencias y acusaciones sobre la responsabilidad de la empresa en las actuales crisis climática y social.

El 14 de enero de 2020, el consejero delegado de BlackRock, Larry Fink, afirmó que la sostenibilidad

23

medioambiental sería un objetivo clave en las decisiones de inversión. BlackRock anunció que vendería activos relacionados con el carbón por valor de 500 millones de dólares y crearía fondos que evitarían las acciones de combustibles fósiles, dos medidas que cambiarían drásticamente la política de inversión de la empresa. El ecologista Bill McKibben lo calificó de "gran victoria, aunque no definitiva, para los activistas". No obstante, el apoyo de BlackRock a las resoluciones de los accionistas que solicitan la divulgación del riesgo climático cayó del 25% en 2019 al 14% en 2020, según Morningstar Proxy Data.

Normativa bancaria de la UE

El Defensor del Pueblo Europeo abrió una investigación en mayo de 2020 para inspeccionar el expediente sobre la decisión de la Comisión Europea de adjudicar un contrato a BlackRock Investment Management para realizar un estudio sobre la integración de los riesgos y objetivos medioambientales, sociales y de gobernanza en las normas bancarias de la UE ("el marco prudencial"). Los miembros del Parlamento Europeo cuestionaron la

imparcialidad del mayor gestor de activos del mundo,
dadas sus inversiones ya en el sector.

Virginia Occidental

Riley Moore, Tesorero del Estado de Virginia Occidental,
declaró en junio de 2022 que BlackRock y otras cinco
instituciones financieras no podrán seguir haciendo
negocios con el Estado de Virginia Occidental, debido a su
defensa de la industria de los combustibles fósiles. Moore
dijo: "En un momento en que la demanda de energía se
está disparando y los consumidores están soportando el
peso de una inflación generacionalmente alta, no tiene
ningún sentido que las instituciones financieras corten el
capital y la financiación a estas industrias legales y
rentables simplemente porque no se alinean con sus
agendas sociales y políticas radicales."

Florida

En diciembre de 2022, el director financiero de Florida,
Jimmy Patronis, anunció que el gobierno de Florida
desinvertiría 2.000 millones de dólares en inversiones
gestionadas por BlackRock, debido a la decisión de la
empresa de reforzar las normas y políticas ASG.
25

BlackRock respondió posteriormente al anuncio con un comunicado en el que afirmaba que la desinversión anteponía la política a los intereses de los inversores.

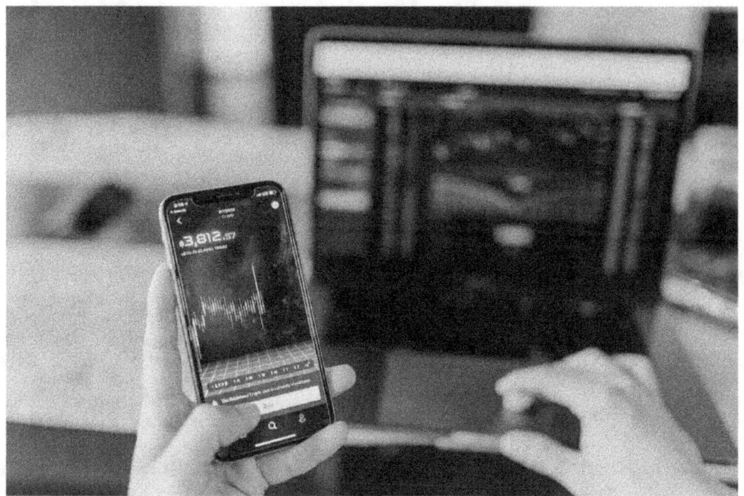

Inversiones de Blackrock

Inversiones en China

En agosto de 2021, BlackRock creó su primer fondo de inversión en China tras recaudar más de mil millones de dólares de 111.000 inversores chinos. BlackRock se convirtió en la primera empresa de propiedad extranjera autorizada por el Gobierno chino para operar un negocio de propiedad total en el sector de los fondos de inversión de China. Escribiendo en *The Wall Street Journal*, George Soros describió la iniciativa de BlackRock en China como un "trágico error" que "dañaría los intereses de seguridad nacional de Estados Unidos y otras democracias".

En octubre de 2021, el grupo sin ánimo de lucro Consumers' Research lanzó una campaña publicitaria criticando la relación de BlackRock con el gobierno chino.

En diciembre de 2021, se informó de que BlackRock era inversor en dos empresas que habían sido incluidas en la lista negra del gobierno estadounidense por abusos contra los derechos humanos de los uigures de Xinjiang. En uno de los casos (Hikvision), BlackRock aumentó su nivel de inversión tras la inclusión de la empresa en la lista negra.

Inversiones en la India

La empresa mantiene un fondo dedicado a la India, a través del cual invierte en empresas emergentes indias como Byju's, Paytm y Pine Labs. A finales de 2021, está reduciendo su inversión en la India y aumentándola en China.

Percepción pública de Blackrock

En su carta anual de 2018 a los accionistas, el CEO de BlackRock, Larry Fink, escribió que otros CEO deberían ser conscientes de su impacto en la sociedad. Las organizaciones antibelicistas se opusieron a la declaración de Fink, dado que BlackRock es el mayor inversor en fabricantes de armas a través de su ETF iShares U.S. Aerospace and Defense. En mayo de 2018, organizaciones antibelicistas celebraron una manifestación frente a la junta anual de accionistas de BlackRock en Manhattan, Nueva York.

La empresa también ha sido criticada por su inacción ante el cambio climático y la deforestación del Amazonas. Según *The New Republic*, BlackRock "se ha posicionado como el chico bueno de Wall Street, y sus ejecutivos como un equipo de gestores de dinero de modales suaves que entienden los riesgos de la crisis climática y la importancia de la diversidad. Pero esos compromisos, dicen los críticos, sólo se extienden hasta cierto punto en las operaciones diarias de la empresa."

Debido a su poder y al enorme tamaño y alcance de sus activos y actividades financieras, BlackRock ha sido calificado como el mayor banco en la sombra del mundo. En 2020, los representantes estadounidenses Katie Porter y Jesús "Chuy" García propusieron un proyecto de ley para frenar a BlackRock y a otros bancos en la sombra. El 4 de marzo de 2021, la senadora estadounidense Elizabeth Warren sugirió que BlackRock debería ser considerado "demasiado grande para quebrar" y ser regulado en consecuencia.

BlackRock fue objeto de escrutinio por presuntamente aprovecharse de sus estrechos vínculos con el Sistema de la Reserva Federal durante los esfuerzos de respuesta a la pandemia de COVID-19. En junio de 2020, *The New Republic* escribió que BlackRock "estaba teniendo una pandemia muy buena" y se presentaba "como socialmente responsable mientras contribuía a la catástrofe climática, eludía el escrutinio regulador y trataba de influir en [una posible] administración Biden". El *Financial Times* describió que BlackRock se había asegurado un destacado papel de asesoramiento en el programa de compra de activos de la Reserva Federal posterior a la crisis, lo que suscitó preocupación sobre si BlackRock utilizaría su influencia para animar a la Reserva Federal a comprar productos de BlackRock; durante el programa de flexibilización cuantitativa de la Reserva Federal para 2020, el ETF de bonos corporativos de BlackRock recibió 4.300 millones de dólares en nuevas inversiones, frente a los 33 y 15 millones de dólares respectivos que recibieron los competidores de BlackRock, Vanguard Group y State Street.

Personas clave

En 2021, Blackrock tenía un consejo de administración de dieciocho personas. Ellos eran:

- Larry Fink - fundador, presidente y consejero delegado
- Bader M. Alsaad
- Pamela Daley
- Jessica P. Einhorn
- Beth Ford
- William E. Ford
- Fabrizio Freda
- Murry S. Gerber
- Margaret "Peggy" L. Johnson
- Robert S. Kapito - fundador y copresidente
- Cheryl D. Mills
- Gordon M. Nixon
- Kristin Peck
- Charles H. Robbins
- Carlos Slim Domit
- Hans V. Vestberg
- Susan Wagner - fundadora, miembro de la Junta Directiva
- Mark Wilson

Entre las personas que han formado parte anteriormente del consejo de administración de Blackrock figuran:

- Brian Deese - ex Director Global de Inversión Sostenible

- Blake Grossman, ex vicepresidente

Larry Fink

Laurence Douglas Fink (nacido el 2 de noviembre de 1952) es un empresario multimillonario estadounidense. Es el actual Presidente y Consejero Delegado de BlackRock, una multinacional estadounidense de gestión de inversiones. BlackRock es la mayor empresa de gestión de dinero del mundo, con más de 10 billones de dólares en activos gestionados, lo que le confiere un enorme poder sobre el sistema financiero mundial. En abril de 2022, el patrimonio neto de Fink se estimaba en 1.000 millones de dólares, según la revista Forbes. Es miembro del Consejo de Relaciones Exteriores y del Foro Económico Mundial.

Primeros años y educación

Fink nació el 2 de noviembre de 1952. Creció como uno de los tres hijos de una familia judía de Van Nuys, California, donde su madre Lila (1930-2012) era profesora de inglés y su padre Frederick (1925-2013) tenía una zapatería. Se licenció en Ciencias Políticas por la UCLA en 1974. Fink también es miembro de Kappa Beta Phi. Posteriormente obtuvo un máster en Administración de

Empresas Inmobiliarias en la Anderson Graduate School of Management de la UCLA en 1976.

De 1970 a 2000

Fink inició su carrera en 1976 en First Boston, un banco de inversión con sede en Nueva York, donde fue uno de los primeros operadores de valores respaldados por hipotecas y llegó a dirigir el departamento de bonos de la empresa. En First Boston, Fink fue miembro del comité de dirección, director gerente y codirector de la División de Renta Fija Imponible; también creó el Departamento de Futuros Financieros y Opciones, y dirigió el Grupo de Productos Hipotecarios e Inmobiliarios.

Fink añadió "según algunas estimaciones" 1.000 millones de dólares a la cuenta de resultados de First Boston. Tuvo éxito en el banco hasta 1986, cuando su departamento perdió 100 millones de dólares debido a su predicción incorrecta sobre los tipos de interés. La experiencia influyó en su decisión de crear una empresa que invirtiera el dinero de los clientes e incorporara una gestión integral del riesgo.

En 1988, bajo el paraguas corporativo de The Blackstone Group, Fink cofundó BlackRock y se convirtió en su director y consejero delegado. Cuando BlackRock se separó de Blackstone en 1994, Fink conservó sus cargos, que siguió ejerciendo después de que BlackRock se hiciera más independiente en 1998. Sus otros cargos en la empresa han sido presidente del consejo, presidente de los comités ejecutivo y de liderazgo, presidente del consejo corporativo y copresidente del comité de clientes globales. BlackRock salió a bolsa en 1999.

2000s

En 2003, Fink ayudó a negociar la dimisión del Consejero Delegado de la Bolsa de Nueva York, Richard Grasso, muy criticado por su paquete salarial de 190 millones de dólares. En 2006, Fink dirigió la fusión con Merrill Lynch Investment Managers, que duplicó la cartera de gestión de activos de BlackRock. Ese mismo año, la compra por parte de BlackRock de Stuyvesant Town-Peter Cooper Village, un complejo de viviendas de Manhattan, por valor de 5.400 millones de dólares, se convirtió en la mayor operación residencial-inmobiliaria de la historia de Estados Unidos. Cuando el proyecto acabó en impago, los clientes de BlackRock perdieron su dinero, incluido el Sistema de Pensiones y Jubilaciones de California, que perdió unos 500 millones de dólares.

El gobierno de Estados Unidos contrató a BlackRock para ayudar a sanear la situación tras el colapso financiero de 2008. Las relaciones de larga data de Fink con altos funcionarios del gobierno han dado lugar a preguntas sobre posibles conflictos de intereses en relación con contratos gubernamentales adjudicados sin licitación pública. El contrato de BlackRock permitió a Fink cultivar relaciones con el primer secretario del Tesoro de Obama, Tim Geithner, y con otros miembros del equipo de recuperación económica de Obama. En 2016, Fink esperaba formar parte él mismo del Gobierno federal como Secretario del Tesoro de Hillary Clinton. Al mismo tiempo, Blackrock contrató para su empresa a muchos antiguos cargos del poder ejecutivo, como Cheryl Mills, Christopher Meade, Katheryn Rosen, Michael Pyle, Coryann Stefansson, Gary Reeder y Ken Wilson. Este movimiento reforzó la puerta giratoria de BlackRock con el gobierno federal.

En diciembre de 2009, BlackRock compró Barclays Global Investors, momento en el que la empresa se convirtió en la mayor gestora de dinero del mundo. A pesar de su gran influencia, Fink no es muy conocido públicamente, aparte de sus apariciones periódicas en la CNBC. BlackRock pagó a Fink 23,6 millones de dólares en 2010, y 36 millones en 2021. En 2016, BlackRock tenía 5 billones de dólares bajo gestión, con 12.000 empleados en 27 países.

En 2016, Fink recibió el ABANA Achievement Award en Nueva York. Este galardón reconoce a una persona que ejemplifica un liderazgo sobresaliente en banca y finanzas y tiene un compromiso con la cooperación profesional positiva entre Estados Unidos y Oriente Medio y el Norte de África.

En 2018, Fink ocupó el puesto 28 en la lista *Forbes* de Las personas más poderosas del mundo.

Durante la pandemia de coronavirus de 2020, la Fed ha recurrido a BlackRock para que le ayude a comprar valores en dificultades, en un eco de 2008.

Participación comunitaria

37

Fink es miembro del patronato de la Universidad de Nueva York, donde ocupa varios cargos, entre ellos el de presidente del Comité de Asuntos Financieros. También copreside el patronato del NYU Langone Medical Center y es patrono del Boys and Girls Club de Nueva York. Fink también forma parte del consejo de la Fundación Robin Hood. Fink fundó el Lori and Laurence Fink Center for Finance & Investments en UCLA Anderson en 2009, y actualmente es presidente del consejo.

En diciembre de 2016, Fink se unió a un foro empresarial reunido por el entonces presidente electo Donald Trump para ofrecer asesoramiento estratégico y político sobre cuestiones económicas.

En su carta abierta anual de 2018 a los consejeros delegados, pidió a las empresas que desempeñaran un papel activo en la mejora del medio ambiente, trabajaran para mejorar sus comunidades y aumentaran la diversidad de sus plantillas. Esto se ha tomado como prueba de un movimiento de BlackRock, uno de los mayores inversores públicos, para hacer cumplir proactivamente estos objetivos. En su carta abierta de 2019, Fink afirmó que las empresas y sus consejeros delegados deben ocupar un vacío de liderazgo para abordar cuestiones sociales y políticas cuando los gobiernos no lo hacen.

Tras el asesinato de Jamal Khashoggi en octubre de 2018, Fink canceló sus planes de asistir a una conferencia de inversión en Arabia Saudí.

En su carta abierta anual de 2020, Fink anunció la sostenibilidad medioambiental como objetivo central de las futuras decisiones de inversión de BlackRock. En esta carta, explicaba cómo el clima se convertirá en un motor económico que afectará a todos los aspectos de la economía. También divulgó en otra carta (dirigida a los inversores) que BlackRock cortará lazos con inversiones anteriores relacionadas con el carbón térmico y otras inversiones que tienen un gran riesgo medioambiental.

Larry Fink es también desde hace tiempo donante y partidario de la New York City Police Foundation: un grupo que presta apoyo financiero al Departamento de Policía de la ciudad de Nueva York. La organización sin ánimo de lucro Color of Change pidió a Fink que desinvirtiera en la Fundación de la Policía de Nueva York a raíz del asesinato de George Floyd y las posteriores protestas en todo el país.

Vida privada

Fink está casado con Lori, su novia del instituto, desde 1974. La pareja tiene tres hijos. Joshua, su hijo mayor, fue Consejero Delegado de Enso Capital, un fondo de cobertura ya desaparecido en el que Fink tenía una participación. Los Fink tienen casas en Manhattan, North Salem (Nueva York) y Vail (Colorado).

Fink lleva toda la vida apoyando al Partido Demócrata.

Percepción pública

En su carta anual de 2018 a los accionistas, Fink afirmó que otras empresas deberían ser conscientes de su impacto en la sociedad; sin embargo, las organizaciones antibelicistas se mostraron descontentas con la declaración de Fink porque su empresa, BlackRock, es el mayor inversor en fabricantes de armas a través de su ETF U.S. Aerospace and Defense. En septiembre de 2018, un activista de la organización estadounidense sin ánimo de lucro Code Pink se enfrentó a Fink en el

40

escenario de la cumbre Yahoo Finance All Markets
Summit.

Cambio climático

En diciembre de 2021, BlackRock se asoció con un gestor
de activos saudí para pagar 15.500 millones de dólares
por la compra y posterior arrendamiento de oleoductos a
Saudi Aramco.

Sin embargo, Fink se ha mostrado muy partidario de que
las empresas tomen medidas contra el cambio climático, y
en una carta abierta de 2022 afirmaba: "Todas las
empresas y todos los sectores se verán transformados por
la transición a un mundo neto cero. La pregunta es:
¿liderarás tú, o serás liderado?".

En 2022, Fink fue nombrado uno de los principales
"villanos climáticos" de Estados Unidos por *The Guardian*
debido a que BlackRock se benefició de la deforestación.

Honores

- 2007, Premio Golden Plate de la Academia
  Americana de Logros

- 2015, Premio Appeal of Conscience
- 2015, Medalla de Oro de la Americas Society
- 2016, Medalla UCLA
- 2019, Premio Charles Schwab a la innovación financiera

Robert S. Kapito

Robert Steven Kapito (nacido el 8 de febrero de 1957) es un empresario e inversor estadounidense. Es fundador y presidente de la empresa de gestión de inversiones BlackRock, con sede en Nueva York.

Primeros años y educación

Kapito es de ascendencia judía. Obtuvo un MBA en la Harvard Business School de Cambridge, Massachusetts (HBS), en 1983, tras licenciarse en Economía en la Wharton School de la Universidad de Pensilvania. Kapito conoció a su esposa Ellen cuando ella estudiaba en la Escuela de Enfermería de la Universidad de Pensilvania.

La carrera de Kapito

Kapito se incorporó a First Boston en 1979 tras licenciarse en Wharton y empezó en el Departamento de Finanzas Públicas. Fue contratado por Larry Fink para trabajar en First Boston, donde desempeñaron un papel decisivo como pioneros del mercado de valores respaldados por hipotecas en Estados Unidos.

Kapito dejó First Boston para completar su MBA y regresó a la empresa en 1983 en el Grupo de Productos Hipotecarios. En 1988, Kapito abandonó First Boston junto con Fink y fundaron BlackRock bajo el paraguas de la empresa de capital riesgo Blackstone Group como socios. Kapito trabajó estrechamente con Fink en BlackRock, donde se labró una reputación de defensor agresivo y leal de Fink.

En 2022, advirtió sobre la escasez de productos y dijo que "una generación con muchos derechos que nunca ha tenido que sacrificarse" estaba experimentando la inflación por primera vez.

Kapito es miembro del consejo de administración de la Wharton School de la Universidad de Pensilvania y miembro del profesorado de educación ejecutiva de la Harvard Kennedy School. También es presidente del consejo de administración de Hope & Heroes Children's Cancer Fund y presidente del consejo de administración de Periwinkle Theatre for Youth, organización nacional sin ánimo de lucro dedicada al arte en la educación.

En 2012, recibió el Premio Gustave L. Levy de la United Jewish Appeal Federation de Nueva York por sus donaciones.

Kapito tiene previsto intervenir en la Cumbre Mundial de Líderes Financieros sobre Inversión de noviembre de 2022, y el Consejo para la Democracia de Hong Kong afirma que su presencia, junto con la de otros ejecutivos financieros, legitima el encubrimiento por parte del gobierno de Hong Kong de la erosión de las libertades en la ciudad. Varios miembros del Congreso también advirtieron de que los ejecutivos financieros estadounidenses no deberían asistir a la Cumbre, afirmando que "su presencia sólo sirve para legitimar el rápido desmantelamiento de la autonomía de Hong Kong, la libertad de prensa y el Estado de Derecho por parte de las autoridades de Hong Kong que actúan junto con el Partido Comunista Chino."

Susan Lynne Wagner

Susan Lynne Wagner (nacida en 1961) es una ejecutiva financiera estadounidense. Wagner es una de las cofundadoras de BlackRock, una corporación multinacional estadounidense de gestión de inversiones, en la que ocupó los cargos de vicepresidenta y directora de operaciones. BlackRock es la mayor empresa de gestión de activos del mundo, con 8,67 billones de dólares en activos gestionados en mayo de 2021.

En 2011, fue incluida en dos listas de mujeres poderosas: "Las mujeres más poderosas de Nueva York 2011" y "Las 50 mujeres más poderosas del mundo de los negocios (2011)".

Primeros años y educación

Wagner nació en 1961 en Chicago, en el seno de una familia judía. En 1982 se licenció con honores en inglés y economía por el Wellesley College, y en 1984 obtuvo un MBA en finanzas por la Universidad de Chicago.

La carrera de Wagner

Tras obtener su MBA, Wagner se incorporó a la unidad de banca de inversión de Lehman Brothers en Nueva York. Durante sus años en Lehman trabajó en fusiones y adquisiciones, productos de renta fija y adquisiciones estratégicas. En 1988, Wagner y Ralph Schlosstein abandonaron Lehman para incorporarse a Blackstone Financial Group. Más tarde, Blackstone Financial Group cambió su nombre por el de BlackRock.

Como uno de los fundadores de BlackRock, Wagner fue Vicepresidente y Director de Operaciones. Orquestó las fusiones y adquisiciones de BlackRock, que incluyeron Quellos, Merrill Lynch Investment Management y Barclays Global Investors. Antes de retirarse de BlackRock en 2012, Wagner expandió la empresa en Asia, Oriente Medio y Brasil. Desde su jubilación de BlackRock, forma parte del consejo de administración de BlackRock, además de ser funcionaria y miembro del patronato de la Hackley School.

En mayo de 2014, la promoción de 2014 de Wellesley pidió a Wagner que pronunciara el discurso de graduación.

En julio de 2014, Wagner fue nombrada miembro del consejo de Apple Inc. en sustitución de William Campbell, miembro del consejo desde hacía mucho tiempo. Wagner era la segunda mujer en el consejo de Apple, compuesto por ocho miembros, y la única directora con formación en finanzas. En 2014, también fue elegida miembro del consejo de administración de Swiss Re.